L°F
1180

MINISTÈRE DES AFFAIRES ÉTRANGÈRES

CONFÉRENCE INTERNATIONALE

POUR LA RÉPRESSION

DE LA TRAITE DES BLANCHES

RAPPORTS

SUR LES QUESTIONS SOUMISES

PAR LE GOUVERNEMENT FRANÇAIS

AUX DÉLIBÉRATIONS DE LA CONFÉRENCE

JUILLET 1902

PARIS

IMPRIMERIE NATIONALE

MDCCCCII

Dépôt Légal
No 277 C
Seine
1902

CONFÉRENCE INTERNATIONALE

POUR LA RÉPRESSION

DE LA TRAITE DES BLANCHES

———

RAPPORTS

SUR LES QUESTIONS SOUMISES

PAR LE GOUVERNEMENT FRANÇAIS

AUX DÉLIBÉRATIONS DE LA CONFÉRENCE

BIBLIOTHÈQUE NATIONALE
R. F.
IMPRIMÉS

GOUVERNEMENTS REPRÉSENTÉS ET LEURS DÉLÉGUÉS.

ALLEMAGNE.

MM.

Wiebe, conseiller intime de Justice, rapporteur au Ministère de la Justice;

de Dallwitz, conseiller intime de Régence, rapporteur au Ministère de l'Intérieur;

de Schloezer, ministre plénipotentiaire, premier secrétaire de l'Ambassade d'Allemagne.

AUTRICHE.

MM.

Ferdinand, chevalier de Schott;

Hugo Hoegel;

Chefs de sections et docteurs en droit.

BELGIQUE.

MM.

Silvercruys, directeur au Ministère de la Justice;

Hoyois, membre de la Chambre des représentants.

BRÉSIL.

M. Gabriel de Piza, ministre des États-Unis du Brésil à Paris.

DANEMARK.

M. le lieutenant-colonel P.-E.-M. Ramsing.

ESPAGNE.

MM.

Octavio Cuartero, procureur de la Cour suprême:

José Ignacio Sabater, député aux Cortès.

FRANCE.

MM.

BÉRENGER, sénateur, membre de l'Institut;

Ferdinand DREYFUS, ancien député, membre des Conseils supérieurs de l'Assistance publique et des Prisons;

Louis RENAULT, membre de l'Institut, jurisconsulte du Ministère des Affaires étrangères; professeur à la Faculté de droit de Paris;

LÉPINE, préfet de police;

MALEPEYRE, directeur au Ministère de la Justice;

CAVARD, sous-directeur au Ministère de l'Intérieur, chargé de la Direction de la Sûreté générale;

HENNEQUIN, chef de bureau au Ministère de l'Intérieur.

GRANDE-BRETAGNE.

Son Honneur le juge SNAGGE, juge aux Cours de comté.

HONGRIE.

MM.

Isidore BAUMGARTEN, docteur en droit, substitut du Fisc de la Couronne de Hongrie;

Jules BŐLÉS, conseiller de section au Ministère royal hongrois de l'Intérieur;

Edmond POLNER, docteur en droit, secrétaire ministériel du Département royal hongrois de la Justice, et maître de conférences à l'Université de Buda-Pesth.

ITALIE.

MM.

Le marquis Jérôme SOMMI PICONARDI, député au Parlement;

Jules César BUZZATTI, professeur de droit international à l'Université royale de Pavie;

Le marquis PAULUCCI DE' CALBOLI, premier secrétaire de l'Ambassade d'Italie à Paris.

NORVÈGE.

MM.

Munthe-Kaas, pasteur à Vestre Bärum;
Färden, conseiller du Tribunal de 1re instance à Christiania.

PORTUGAL.

M. Jayme de Séguier, consul général, attaché commercial à la Légation
de Portugal.

RUSSIE.

MM.

Le conseiller privé Tchaïkowsky, délégué du Ministère de l'Intérieur;
Le conseiller d'État actuel Malewsky-Maléwitch, délégué du Ministère
des Affaires étrangères;
Le conseiller d'État Deruginsky, délégué du Ministère de la Justice.

SUÈDE.

MM.

Herslow, conseiller de Justice, doyen de la Cour suprême;
de Tamm, membre de la 1re Chambre de la Diète.

SUISSE.

MM.

Lardy, ministre de Suisse à Paris;
Otto Kronauer, procureur général de la Confédération à Berne;
Alfred Scherz, chef de division pour la police au Département de Jus-
tice et de Police.

La Conférence pour la répression de la Traite des blanches se réunira le mardi 15 juillet 1902, à 10 heures du matin, au Ministère des Affaires étrangères (entrée par le quai d'Orsay).

M. le Ministre des Affaires étrangères ouvrira la séance.

ORDRE DU JOUR.

Allocution du Ministre.

Désignation du bureau.

Fixation des travaux. Nomination de commissions, s'il y a lieu.

QUESTIONS SOUMISES AUX DÉLIBÉRATIONS

DE LA CONFÉRENCE.

I

Mesures d'ordre pénal.

Introduire dans la législation pénale des pays dont les lois sont insuffisantes à cet égard les délits suivants :

A. MINEURES.

1° Embauchage ou racolage de mineures en vue de la prostitution; admission ou rétention dans les maisons ou lieux de débauche.

Peines à déterminer;

2° Aggravation de la peine si le délit a été commis à l'aide de violences, menaces, fraude, abus d'autorité ou tout autre moyen de contrainte.

B. FEMMES MAJEURES.

Embauchage ou racolage en vue de la prostitution, admission ou rétention dans les maisons de débauche ou de prostitution lorsque ces faits auront été commis à l'aide de violences, menaces, fraude, abus d'autorité ou tout autre moyen de contrainte.

Peines à déterminer.

II

Convention internationale à établir en ce qui touche :

1° La compétence quant aux poursuites à intenter;

2° L'extradition des auteurs et complices;

3° Une exécution aussi rapide que possible des mandats d'arrestation et des commissions rogatoires;

4° La surveillance à exercer sur les départs et arrivées des personnes suspectes de se livrer aux pratiques incriminées, et des victimes de ces pratiques; les avis à transmettre aux Gouvernements du domicile de ces dernières et leur rapatriement;

5° Les instructions à donner aux agents diplomatiques ou consulaires des divers Gouvernements à l'étranger.

I
MESURES LÉGISLATIVES.

NOTE

SUR

LES LÉGISLATIONS DES DIVERS PAYS
REPRÉSENTÉS À LA CONFÉRENCE.

Le fait si particulièrement grave dont l'insuffisante répression cause, sous l'empire de révélations récentes, une émotion si générale, n'a jusqu'à présent été prévu, sous sa dénomination et avec son caractère propres, que par un très petit nombre de législations.

Dans la plupart des autres, c'est par des moyens détournés et insuffisants, en invoquant des textes latéraux édictés le plus souvent en vue d'actes mitoyens généralement moins graves, et impuissants à en saisir toutes les manifestations, que le délit peut être indirectement atteint.

De plus, s'agissant de faits dont l'évolution se poursuit, avant d'arriver à son entier accomplissement, sur des territoires différents, souvent séparés par de longues distances et soumis à des lois diverses, et dont la constatation ne peut être utilement faite que par des recherches simultanées et concertées, aucune entente n'existe entre les Gouvernements pour combiner les investigations et faciliter les poursuites.

De là de graves conséquences, dont les résultats sont l'impunité trop fréquente des coupables, la sécurité de leurs manœuvres, l'extension croissante de leur commerce dans la plupart des pays et la chute souvent irrémédiable de leurs trop nombreuses victimes.

C'est pour chercher des remèdes à cette inquiétante situation que la Conférence a été réunie. Son but est d'opposer à l'internationalisme du délit le groupement international des forces sociales, qui seul peut efficacement l'atteindre.

L'élément le plus essentiel, la base même de son étude, semble devoir être l'examen de l'état actuel des législations pénales sur ce sujet.

Tel est l'objet de la présente note.

ALLEMAGNE[1].

Le Code pénal de l'Empire allemand du 15 mai 1871 n'offre qu'un petit nombre de dispositions pouvant se rattacher à l'objet de cette étude.

C'est d'abord le paragraphe 144 relatif aux promesses mensongères employées pour déterminer l'émigration.

Tromperies pour déterminer l'émigration. — § 144. Quiconque *fera un métier* d'engager des Allemands à l'émigration en les trompant sur les faits ou en leur donnant sciemment de faux renseignements sera puni de prison de 1 mois à 2 ans.

Ce sont ensuite les dispositions relatives au proxénétisme édictées par les paragraphes 180, 181 et 182, amendés par la loi récente connue sous le nom de loi Heink.

Proxénétisme habituel ou pour un motif intéressé. — § 180. Quiconque, habituellement ou pour un motif intéressé, facilitera

---

[1] Voir à la page 59 la note adressée par le Gouvernement allemand après la rédaction du présent rapport.

la débauche, soit en s'entremettant, soit en favorisant ou en procurant les occasions, sera puni comme proxénète d'un emprisonnement d'au moins 1 mois. Il pourra, en outre, être condamné à une amende de 150 à 1,000 marcs, à la surveillance de la police et à la privation des droits civiques. En cas de circonstances atténuantes, la peine pourra être abaissée jusqu'à 1 jour de prison.

Proxénétisme sans les conditions précédentes, s'il y a manœuvres frauduleuses. — § 181. Le proxénète sera puni de la réclusion jusqu'à 5 ans, alors même qu'il n'a pas agi habituellement ou pour des motifs intéressés :

1° Lorsque, pour faciliter la débauche, il aura été pratiqué des manœuvres frauduleuses;

2° Ou lorsque le proxénète se trouve envers la personne *livrée à la débauche* dans la situation d'époux à épouse, de parent à enfant, de tuteur à pupille, de ministre d'un culte, instituteur ou précepteur envers les personnes à eux confiées.

En outre de la peine de la réclusion, le coupable pourra être condamné à la privation des droits civiques, à la surveillance de la police et à une amende de 150 à 6,000 marcs.

En cas de circonstances atténuantes, la peine sera la prison et il pourra être prononcé une amende jusqu'à 3,000 marcs.

Séduction. Plainte nécessaire. — § 182. Sera puni d'un emprisonnement jusqu'à 1 année quiconque aura séduit une fille irréprochable n'ayant pas accompli sa seizième année.

La poursuite n'aura lieu que sur la demande du père ou de la mère ou du tuteur de la personne séduite.

Ce sont enfin les paragraphes 236 et 237 relatifs à l'enlèvement de mineurs :

Enlèvement en vue de la débauche. — Plainte nécessaire. — § 236. Quiconque, par fraude, menaces ou violences, aura enlevé contre sa volonté une personne du sexe féminin pour l'exciter à la débauche sera puni de la peine de la réclusion jusqu'à 10 ans. Lorsque l'enlèvement aura été commis pour amener la personne enlevée à contracter mariage, la peine sera celle de l'emprisonnement.

La poursuite n'aura lieu que sur plainte.

Enlèvement de mineures en vue de la débauche. Plainte nécessaire. — § 237. Sera puni de la peine de l'emprisonnement, quiconque aura enlevé, même de son consentement, une personne de sexe féminin mineure non mariée dans le but de l'exciter à la débauche ou de l'amener à contracter mariage alors que le fait aura été commis sans le consentement des père et mère et du tuteur de la personne enlevée.

La poursuite n'aura lieu que sur plainte.

AUTRICHE.

(La notice suivante a été adressée au Gouvernement français, à l'occasion de la réunion de la Conférence, par le Département impérial et royal de la Justice de l'Empire d'Autriche.)

Les dispositions de la loi au sujet de la répression de la Traite des blanches sont les suivantes :

a. Le fait de fournir des femmes à des maisons de prostitution étrangères par voie de ruse ou de violence est, dans le cas le plus grave, puni des travaux forcés de 5 à 10 ans et assimilé au crime d'enlèvement d'après les paragraphes 90 et 91 du

Code pénal. Lorsque la personne livrée a encouru un danger pour sa vie ou sa liberté, la peine peut s'élever à 20 ans [1].

b. Le proxénétisme est puni, suivant les paragraphes 132 et 133 [2], d'une peine pouvant aller jusqu'à 5 ans de travaux forcés si par ces agissements une personne vierge a été détournée, ou bien si des parents, des tuteurs, instituteurs ou professeurs se rendent coupables du même crime, contrairement à leurs devoirs, envers ceux qui leur sont confiés.

c. Dans les autres cas, le proxénétisme constitue un délit, conformément aux paragraphes 512 à 515 du Code pénal. L'exercice du métier odieux de proxénète expose à un emprisonnement de 3 à 6 mois (§ 513 du Code pénal) [3].

---

[1] § 90 et 91. *Violences publiques pour rapt.* Quand quelqu'un, à l'insu et sans le consentement de l'autorité légale, s'empare d'une personne par ruse ou par force pour la livrer contre son gré à un pouvoir étranger, la peine est la réclusion de 5 à 10 ans. Si la personne maltraitée a été exposée à un danger pour sa vie ou sa liberté, elle peut être élevée jusqu'à 20 ans.

[2] § 132. *Provocation à la débauche.* Sera puni comme crime la séduction par laquelle quelqu'un détermine une personne confiée à sa surveillance ou à son enseignement à accomplir un acte de débauche — et le proxénétisme en tant qu'une personne innocente a été débauchée, ou si des parents, tuteurs, précepteurs ou instituteurs s'en rendent coupables envers leurs enfants, pupilles ou les personnes confiées à leur éducation ou enseignement.

§ 133. La peine est la réclusion de 1 à 5 ans.

[3] § 512. *Proxénétisme.* Se rendent coupables de la contravention de proxénétisme ceux :

a. qui donnent à des prostituées, pour exercer leur métier illicite, domicile régulier ou quelque autre abri ;

b. qui font métier de recruter des prostituées ;

c. qui s'emploient comme intermédiaires dans des négociations illicites dans le même but.

§ 513. La peine est : arrêts de rigueur de 3 à 6 mois. Elle doit être aggravée *d.* Les dispositions générales sur le détournement et la complicité, prévues par le paragraphe 5, permettent d'atteindre la participation aux actes d'immoralité qui, eux-mêmes, tombent sous le coup de la loi. En outre, la répression est renforcée par des dispositions pénales contre l'enlèvement (§ 96)[1] et contre les violences qui, d'après le droit autrichien (§ 98), ne se bornent pas à un dommage pécuniaire, mais atteignent encore la liberté de la personne.

Suit, sous les lettres *e* et *f,* l'indication des textes qui permettent la poursuite des sujets autrichiens, alors même que les faits incriminables ont été commis à l'étranger, et celle des étrangers si leur extradition n'a pas été demandée par leur pays d'origine ou si elle a été refusée par lui, lorsque le délit

---

si les coupables ont exercé leur industrie depuis quelque temps : 6 mois à 5 ans d'arrêts.

§ 515. *Provocation à la débauche* par les hôteliers, cabaretiers ou leur personnel.

Pour la première contravention, amende de 25 à 200 florins. S'il y a récidive, retrait de l'autorisation et incapacité d'exercer la profession pour l'avenir.

Autres peines pour le personnel.

[1] § 96. *Violences publiques par enlèvement.* Quand une personne du sexe féminin a été enlevée contre son gré avec violence ou par ruse pour la contraindre au mariage ou dans une intention de débauche;

Ou quand une personne mariée est enlevée, même avec son consentement, à son mari;

Ou un enfant à ses parents;

Ou quand un mineur est enlevé à son tuteur ou à la personne qui en a la garde, par ruse ou par force, alors même que le but recherché n'a pas été atteint.

§ 97. La peine de l'enlèvement contre la volonté de la personne enlevée, ou de l'enlèvement d'une personne n'ayant pas atteint sa quatorzième année est la réclusion de 5 à 10 ans, suivant les moyens employés et le but de l'auteur. Si la personne enlevée a dépassé 14 ans et a consenti, réclusion de 6 mois à 1 an.

y est d'ailleurs punissable, que le fait ait été commis en tout
ou en partie à l'étranger (§ 36, 235, 37, 234 et 40).

La note se termine ainsi :

D'après ce qui précède, les dispositions pénales autrichiennes
suffisent parfaitement pour combattre d'une façon efficace la
Traite des blanches. Les difficultés proviennent pratiquement
de ce que les filles trafiquées sont, la plupart du temps, en
complet accord avec les proxénètes et rendent ainsi fort difficile
la détermination du crime. Souvent, ces filles agissent assurément sans connaître et sans apprécier les dangers auxquels
elles sont exposées, même quand elles savent qu'elles sont destinées à la prostitution.

Il convient, toutefois, d'observer que des doutes sérieux sur
l'efficacité des dispositions précitées paraissent s'être produits
à diverses époques, aussi bien de la part du Gouvernement que
de celle du Parlement.

Les travaux préparatoires du nouveau Code pénal en
donnent la preuve.

Dès 1874, la Commission de la Chambre des députés, lors
de la présentation d'un premier projet, demandait qu'il y fût
introduit une disposition contre certains courtiers éhontés de
maisons de tolérance étrangères et leur infâme trafic, et
émettait même le vœu *qu'il fût provoqué à cet égard une intervention internationale.*

Déférant à cette demande, le projet nouveau déposé par le
Gouvernement en 1881 contenait la disposition suivante :

« Sera coupable de proxénétisme celui qui expédie des sujets
de la monarchie autrichienne à l'étranger pour qu'ils y exercent
un métier de débauche.

La peine était la prison ou la réclusion jusqu'à 5 ans. Elle ne pouvait, en cas de circonstances atténuantes, descendre au-dessous de 3 mois de prison.

En 1889, à la demande de la Commission parlementaire, l'article fut même étendu à toute personne, quelle que fût sa nationalité.

Il est donc probable que le nouveau Code contiendra une disposition spéciale à cet égard.

BELGIQUE.

(Note remise le 20 juillet 1901 par le Ministre des Affaires étrangères de Belgique au Ministre de France à Bruxelles.)

En réponse à la note verbale que Votre Excellence a bien voulu me remettre le 27 avril dernier, j'ai l'honneur de lui faire savoir que les seules dispositions pénales qui puissent atteindre en Belgique les faits visés dans le premier vœu émis par le Congrès international pour la répression de la Traite des blanches, tenu à Londres en 1899, sont celles qui se rapportent à l'enlèvement des mineurs, à la prostitution ou corruption de la femme et aux attentats à la liberté individuelle.

Les articles 368 et suivants du Code pénal punissent de peines correctionnelles [1] et, si la victime est une fille de

---

[1] *Enlèvement de mineurs.* — Art. 368. Celui qui, par violence, ruse ou menace, aura enlevé ou fait enlever des mineurs : 1 à 5 ans de prison, 50 à 500 francs d'amende avec faculté d'interdiction des droits mentionnés à l'article 32.

Art. 369. Si la personne enlevée a moins de 16 ans, réclusion.

Art. 370. En cas de consentement de la fille enlevée, si l'auteur est majeur, 2 à 5 ans de prison, 50 à 500 francs d'amende. S'il ne l'est pas, 3 mois à 1 an de prison, 50 à 300 francs d'amende.

moins de 16 ans accomplis, de la réclusion, celui qui, par violence, ruse ou menaces, aura enlevé ou fait enlever des mineurs, dans quelque but que ce soit. Si la fille âgée de moins de 16 ans et non émancipée a consenti à son enlèvement ou a suivi volontairement son ravisseur, celui-ci n'en reste pas moins passible de peines correctionnelles.

Il est certain que le racolage visé dans le premier vœu du Congrès de Londres peut tomber sous le coup de ces dispositions. Elles seraient applicables sans aucun doute à celui qui embaucherait des filles mineures en leur promettant un service dans une maison honnête et qui les conduirait ou les enverrait dans un lupanar. Elles s'appliqueraient de même à celui qui aurait fait pratiquer de cette manière l'embauchage.

Les articles 379 et suivants du Code pénal punissent de peines qui varient suivant l'âge de la victime et la qualité du coupable le fait d'attenter aux mœurs, en excitant, facilitant ou favorisant habituellement, pour satisfaire les passions d'autrui, la débauche ou la corruption de mineurs de l'un ou de l'autre sexe [1]. — L'habitude, qui est une condition essentielle du délit, suppose plusieurs faits de corruption, mais elle n'exige

---

[1] *Excitation habituelle de mineurs à la débauche.* — Aʀᴛ. **379.** Quiconque aura attenté aux mœurs en excitant, facilitant ou favorisant habituellement, *pour satisfaire les passions d'autrui*, la débauche ou la corruption de mineurs de l'un ou l'autre sexe sera puni d'un emprisonnement de 3 mois à 2 ans si les mineurs sont âgés de plus de 14 ans accomplis, et de 2 à 5 ans si les mineurs n'ont pas accompli cet âge.

Aʀᴛ. **380.** Aggravation de la peine : réclusion si l'enfant victime du délit a moins de 11 ans. La tentative n'est pas punissable.

Aʀᴛ. **381.** Élévation de la peine si le coupable est un ascendant, ou s'il avait autorité sur la victime, ou s'il est instituteur, serviteur à gages, fonctionnaire public, ou ministre d'un culte.

pas pluralité de victimes. Elle peut résulter, par conséquent, de cette circonstance que le corrupteur savait que sa victime, entrant dans une maison de tolérance, serait livrée journellement à la débauche. — Tout *racolage* de filles mineures pour des maisons de prostitution est donc punissable.

Enfin les articles 434 et suivants répriment par des peines criminelles, dans certains cas, la détention illégale et arbitraire. Il y a évidemment détention de l'espèce lorsqu'une femme est retenue de force dans une maison de prostitution, et le racolage qui aboutirait à cette séquestration pourrait constituer un acte de complicité et être puni comme tel.

Le dernier cas est le seul où la femme majeure jouit, au point de vue spécial qui nous occupe, de la même protection que la mineure. Même habituellement, et érigée en profession, l'initiation à la débauche, quand elle se pratique à l'égard de filles ou de femmes majeures, n'est pas réprimée par la loi belge, qui s'est bornée à en prévoir la réglementation à l'article 96 de la loi communale.

S'il n'est pas démontré que les faits prévus par notre législation pénale soient punis de peines insuffisantes, l'on peut admettre, avec le Congrès de Londres, qu'en vue de sauvegarder plus efficacement de grands intérêts moraux et sociaux, il y a lieu d'ériger en délit tout racolage qui recourt à des moyens frauduleux et violents. Mais il va de soi qu'en adhérant en principe à l'idée de cette répression, le Gouvernement du Roi se réserve toute liberté d'apprécier ultérieurement la résolution que prendrait la Conférence convoquée par le Gouvernement de la République et la mesure dans laquelle il conviendra de s'y rallier.

La loi du 15 mars 1874 range parmi les faits dont les auteurs ou complices étrangers peuvent être livrés par le Gouvernement belge aux Gouvernements des autres pays l'enlèvement des mineurs, l'excitation à la débauche, la détention illégale et arbitraire. Rien ne s'oppose à ce que l'on y range de même, et à ce que l'on prévoie dans les traités d'extradition, les faits de racolage dont la répression serait reconnue nécessaire.

L'institution d'une procédure spéciale et exceptionnelle en vue d'assurer la poursuite et le jugement de ces délits nouveaux ne paraît pas indispensable. La législation en vigueur organise les commissions rogatoires et la compétence en matière répressive, et rien ne fait supposer, pour l'instant, que la répression du racolage international soulève plus de difficultés et de conflits que celle d'autres délits qui se commettent sur des territoires différents.

Si la Conférence qui se réunira prochainement signalait à cet égard des cas spéciaux et des nécessités qui n'apparaissent pas en ce moment, le Gouvernement du Roi apprécierait s'il ne conviendrait pas, à raison des graves intérêts engagés, d'introduire dans notre législation des dispositions nouvelles.

Veuillez agréer,

DE FAVEREAU.

DANEMARK.

(Code pénal promulgué le 10 février 1866.)

Les seules dispositions ayant un rapport direct avec le sujet sont l'article 182 et l'article 183.

ART. 182. *Proxénétisme.* — Ceux qui auront fait le métier de proxénète... seront punis des travaux forcés dans une maison de correction, ou de l'emprisonnement au pain et à l'eau.

Aʀᴛ. 183. *Excitation de mineurs à la débauche.* — Les parents, tuteurs, maîtres ou autres qui auront excité à la débauche leurs enfants, leurs pupilles ou les enfants confiés à leur garde ou dont ils ont à surveiller l'éducation subiront jusqu'à 6 ans de travaux forcés.

ESPAGNE.

(Code pénal de 1870.)

Aʀᴛ. 459. *Excitation habituelle ou par abus d'autorité de mineurs à la débauche.* — Celui qui habituellement ou par abus d'autorité ou de confiance excitera ou facilitera la prostitution ou la corruption des mineurs pour satisfaire les désirs d'autrui sera puni de la prison correctionnelle.

FRANCE.

(Code pénal de 1810, modifié en 1832.)

Les seules inculpations qui puissent être empruntées à la législation actuelle sont celles d'excitation habituelle de mineurs à la débauche, d'enlèvement ou détournement de mineurs, et d'arrestation illégale ou séquestration.

En voici les textes :

Aʀᴛ. 334. *Excitation habituelle de mineurs à la débauche.* — Quiconque aura attenté aux mœurs, en excitant, favorisant ou facilitant habituellement la débauche ou la corruption de la jeunesse de l'un ou de l'autre sexe au-dessous de l'âge de 21 ans, sera puni d'un emprisonnement de 6 mois à 2 ans, et d'une amende de 50 francs à 500 francs,

Si la prostitution ou la corruption a été excitée, favorisée, facilitée par leurs père, mère, tuteur ou autres personnes chargées de leur surveillance, la peine sera de 2 ans à 5 ans d'emprisonnement, et de 3oo francs à 1,ooo francs d'amende.

Art. 354. *Enlèvement ou détournement de mineurs.* — Quiconque aura, par fraude ou violence, enlevé ou fait enlever des mineurs, ou les aura entraînés, détournés ou déplacés, ou les aura fait entraîner, détourner ou déplacer des lieux où ils étaient mis par ceux à l'autorité ou à la direction desquels ils étaient soumis ou confiés, subira la peine de la réclusion.

Art. 355. Si la personne ainsi enlevée ou détournée est une fille au-dessous de 16 ans accomplis, la peine sera celle des travaux forcés à temps.

Art. 356. Quand la fille au-dessous de 16 ans aurait consenti à son enlèvement ou suivi volontairement le ravisseur, si celui-ci était majeur de 21 ans ou au-dessus, il sera condamné aux travaux forcés à temps.

Si le ravisseur n'avait pas encore 21 ans, il sera puni d'un emprisonnement de 2 à 5 ans.

Art. 341 à 344. Arrestations illégales et séquestrations de personnes.

GRANDE-BRETAGNE.

(The criminal law amendment act, modifié le 14 août 1885, to make further provisions for the protection of women and girls, the suppression of brothels and other purposes.)

Proxénétisme. — 2. Toute personne qui procurera ou tentera de procurer à une ou plusieurs personnes une jeune fille ou femme au-dessous de 21 ans et n'étant pas connue comme prostituée ou ayant des habitudes immorales, que ce soit dans les États de la Reine ou en dehors;

Ou qui débauchera ou tentera de débaucher une fille ou femme pour en faire une prostituée;

Racolage pour la prostitution à l'étranger. — Ou qui persuadera à une jeune fille ou femme de quitter le Royaume dans l'intention de la faire entrer dans une maison de prostitution à l'étranger;

Racolage pour la prostitution à l'intérieur. — Ou qui fera quitter à une jeune fille ou femme sa résidence ou son emploi dans le Royaume (emploi en dehors d'une maison de prostitution) dans l'intention de faire d'elle une prostituée ou de la placer dans une maison publique,

Sera coupable d'un délit, et, en cas de conviction, passible d'une peine n'excédant pas 2 ans de prison avec ou sans travaux forcés.

Proxénétisme. — 3. Toute personne qui par intimidation ou menaces aura amené ou essayé d'amener une femme ou jeune fille à avoir des relations intimes avec un individu;

Excitation à la débauche. — Ou qui par de faux prétextes ou allégations aura amené une femme ou fille non connue pour être une prostituée ou avoir des habitudes immorales à avoir des relations intimes avec un individu, que ce soit dans le Royaume-Uni ou au dehors;

Emploi de drogues. — Ou celui qui administrera ou emploiera des drogues ou produits pouvant stupéfier une femme ou jeune fille dans le but d'avoir des relations avec elle,

Sera coupable d'un délit et, en cas de conviction, pourra être condamné à un emprisonnement n'excédant pas deux ans avec ou sans travail forcé.

Disposition commune à tous les cas qui précèdent : aucune personne ne sera convaincue du délit sur le témoignage d'un seul témoin, à moins que ce témoignage ne soit corroboré par quelque particularité matérielle désignant avec évidence l'inculpé.

Rétention dans un lieu de débauche. — 8. Toute personne qui retiendra contre son gré une femme ou fille :

1° Dans un établissement privé avec l'intention que cette femme ou fille ait des relations avec une personne, ou soit livrée à la prostitution;

2° Dans une maison publique,

Sera coupable d'un délit et, en cas de conviction, passible d'un emprisonnement n'excédant pas 2 ans avec ou sans travail forcé.

HONGRIE.

Le Code pénal de 1878 ne contient que la disposition suivante, assurément très insuffisante.

Proxénétisme. — ART. 247. Les pères, mères, tuteurs et survivants qui commettent le crime de proxénétisme sur leurs enfants ou sur ceux qui leur sont confiés seront punis au maximum de 5 ans de travaux forcés.

Mais le projet de Code nouveau à l'étude depuis 1898 doit,

sous le même numéro, prévoir et punir spécialement les faits d'embauchage pour la prostitution.

Voici le projet de rédaction adopté en dernier lieu à cet égard :

« Quiconque a déterminé une femme innocente à cohabiter hors du mariage avec quelqu'un ou à faire un acte de prostitution, ou qui a amené une femme innocente dans une maison de prostitution ou tout autre établissement honteux où elle sera tenue à exercer professionnellement la prostitution, sera puni de prison jusqu'à 1 an et d'une amende jusqu'à 1,000 florins.

« Sera puni de réclusion jusqu'à 5 ans et d'amende jusqu'à 2,000 florins le proxénète qui emploiera des manœuvres artificieuses ou qui transportera une femme innocente à l'étranger pour être placée dans une maison de prostitution ou tout autre établissement honteux. »

ITALIE.

(Législation analogue aux lois françaises et belges. Corruption, excitation à la débauche, enlèvement ou rétention de mineures, privation de la liberté.)

Corruption de mineures. — ART. 335. Quiconque, au moyen d'actes de débauche, corrompt une personne mineure de 16 ans, est puni de la réclusion, qui peut être portée à 30 mois, et d'une amende de 50 à 1,500 lires. — Si le délit est commis avec supercherie, ou bien si le coupable est un ascendant de la personne mineure, ou si le soin, l'éducation, l'instruction, la surveillance ou la garde, même temporaire, lui en a été confiée, la peine est celle de la réclusion de 1 an à 6 ans et d'une amende de 100 à 3,000 lires.

Enlèvement de mineurs. — **Art. 341.** Quiconque, à l'aide de violence, de menaces ou de supercherie, enlève ou retient, dans des vues de débauche ou de mariage, une personne mineure, ou bien, dans des vues de débauche, une femme mariée, est puni de la réclusion de 3 à 7 ans.

Si la personne a été enlevée ou retenue sans violence, menaces ou supercherie, mais de son consentement, la peine est de la réclusion de 6 mois à 3 ans.

Si la personne enlevée n'a pas accompli 12 ans, le coupable est puni, alors même qu'il n'use pas de violence, menaces ou supercherie, de la réclusion de 3 à 7 ans.

Excitation de mineurs à la débauche. — **Art. 345.** Quiconque, pour servir les passions d'autrui, favorise la débauche d'une personne mineure ou l'excite à la corruption, est puni de la réclusion de 3 à 30 mois et d'une amende de 100 à 3,000 lires. La réclusion est de 1 an à 6 ans et l'amende ne peut être inférieure à 500 lires si le délit est commis :

1° Sur une personne qui n'a pas accompli 12 ans;

2° Par supercherie;

3° Par des ascendants, des alliés dans la ligne directe ascendante, le père ou la mère adoptifs, le mari, le tuteur ou bien toute autre personne à qui le mineur est confié pour raisons de soins, d'éducation, d'instruction, de surveillance ou de garde, même temporaire;

4° Habituellement ou dans un but de lucre.

Au cas de concours de deux ou d'un plus grand nombre des circonstances susénoncées, prévues sous des numéros différents, la réclusion est de 2 à 7 ans et l'amende ne peut être inférieure à 1,000 lires.

Facilitation de la prostitution ou de la corruption d'un mineur. - ART. 346. Quiconque, pour servir les passions d'autrui, favorise ou facilite la prostitution ou la corruption d'une personne mineure suivant le mode et dans le cas indiqué au 1er paragraphe de l'article précédent, est puni de la réclusion de 3 mois à 2 ans et d'une amende de 300 à 5,000 lires. Dans le cas prévu au 2e paragraphe, la réclusion est de 6 mois à 3 ans et l'amende de 500 à 6,000 lires.

Contrainte par violence ou menaces à la prostitution. — ART. 347. L'ascendant, l'allié en ligne ascendante, le mari ou le tuteur qui, à l'aide de violence ou de menaces, contraint à se prostituer une descendante ou sa femme, même majeure, ou un mineur placé sous sa tutelle, est puni de la réclusion de 6 à 10 ans.

Si l'ascendant ou le mari entraîne par supercherie à la prostitution sa descendante ou sa femme majeure, la réclusion est de 30 mois à 5 ans.

ART. 348. Le mari ne peut être poursuivi que sur la plainte de sa femme ou, dans le cas où la femme est mineure, de la personne qui a exercé sur elle la puissance paternelle ou la tutelle.

Privation de la liberté. — ART. 146. Quiconque prive illégalement quelqu'un de la liberté personnelle est puni de la réclusion de 1 mois à 5 ans et d'une amende qui peut atteindre

1,000 lires. Si le coupable, pour commettre le fait ou durant son accomplissement, a usé de menaces, de sévices ou de supercherie, ou bien a commis ce fait dans un but de vengeance ou de lucre, la peine est celle de la réclusion de 3 à 8 ans et d'une amende de 500 à 3,000 lires.

Rétention dans une maison de prostitution. — Dans le même ordre d'idées, le règlement sur le proxénétisme approuvé par décret royal du 27 octobre 1891 porte la disposition suivante :

Art. 32. Quiconque détient ou contribue à détenir dans un lieu de prostitution, contrairement à sa volonté, une femme, alors même que celle-ci y serait entrée spontanément et y aurait exercé volontairement la prostitution, et malgré toutes promesses, obligations ou dettes que la femme aurait contractées, est puni d'une amende qui peut atteindre 50 lires, et de prison jusqu'à 15 jours, si dans le fait ne se rencontrent pas les éléments dr délit réprimé par l'article 146 du Code pénal.

Embauchage pour la prostitution à l'étranger. — La loi du 31 janvier 1901 sur l'émigration contient en outre dans son article 3 une pénalité de réclusion jusqu'à 6 mois, et d'amende de 100 à 500 lires contre ceux qui engagent des mineurs de 15 ans pour les employer à certaines professions à l'étranger et ajoute que les mêmes dispositions sont applicables à quiconque engage une femme mineure à émigrer pour la livrer à la prostitution.

NORVÈGE.

Le Code pénal de 1842 ne présente aucune disposition même indirecte pouvant s'appliquer au cas de traite.

Mais le Code nouveau qui vient de le remplacer à la date du 22 mai 1902, présente des textes précis sur la matière. En voici la traduction :

§ 201. Quiconque procure la débauche d'une personne âgée de moins de 16 ans sera puni de l'emprisonnement jusqu'à 4 ans.

§ 202. Quiconque induit une personne à faire métier de la prostitution ou aide à une telle provocation sera puni de l'emprisonnement jusqu'à 4 ans; s'il s'agit d'une personne âgée de moins de 18 ans ou que la personne séduite soit enlevée hors du Royaume, l'emprisonnement sera prononcé de 1 jusqu'à 6 ans.

§ 203. Quiconque aura essayé d'empêcher une personne qui fait métier de la prostitution d'en cesser l'exercice sera puni de l'emprisonnement jusqu'à 2 ans.

§ 204. Pour les délits prévus aux paragraphes 200-203, si le coupable les a commis habituellement ou au moyen de violence, de menaces ou de ruses, ou qu'il ait exploité l'indigence ou la faiblesse d'esprit de la personne séduite, la peine pourra être élevée de moitié.

Il en sera de même si le coupable d'un délit prévu aux paragraphes 202 ou 203 a agi dans le but de lucre ou que la victime soit son époux, son enfant ou une personne sous son autorité ou sa charge, et de même s'il a abusé de son office public ou de sa position de ministre d'un culte, de médecin ou d'instituteur.

Si le délit a été commis en exerçant un métier professionnel, la perte du droit de l'exercice pourra être prononcée.

§ 206. Quiconque procure ou exploite la prostitution d'autrui dans un but de lucre sera puni de l'emprisonnement jusqu'à 2 ans. Dans les circonstances atténuantes l'amende pourra être infligée. L'emprisonnement jusqu'à 4 ans pourra être appliqué si la personne abusée est au-dessous de l'âge de 18 ans ou si elle a été emmenée hors du Royaume dans un but immoral.

PAYS-BAS.

(Code pénal du 3 mars 1881.)

Excitation de mineurs au-dessous de 16 ans à des actes d'immoralité. — ART. 247. Celui qui commet des actes d'immoralité avec une personne sachant qu'elle est évanouie ou sans connaissance, ou avec une personne au-dessous de l'âge de 16 ans, *ou excite celle-ci à commettre ou à subir des actes de ce genre...* est puni d'un emprisonnement de 6 ans au plus.

Proxénétisme sur des mineurs. — ART. 250. Est puni comme entremetteur : 1° d'un emprisonnement de 4 ans au plus, le père, la mère, le tuteur ou subrogé tuteur qui excite ou favorise volontairement la débauche de son enfant mineur ou du mineur placé sous sa tutelle ou subrogé tutelle avec un tiers; 2° d'un emprisonnement de 3 ans au plus, *toute autre personne* qui, en vue d'un lucre et avec intention, excite ou favorise la débauche d'un mineur avec un tiers, *ou qui fait métier d'exciter ou de favoriser avec intention la débauche d'un mineur avec un tiers.*

Rapt. — ART. 278. Celui qui conduit une personne au delà des frontières du Royaume en Europe dans le dessein de la soumettre illégalement au pouvoir d'un autre ou de la mettre en état de détresse est puni comme coupable de rapt d'un emprisonnement de 12 ans au plus.

Détournements de mineurs. — Art. 279. Celui qui avec intention soustrait un mineur à l'autorité à laquelle il est soumis légalement ou à la surveillance de celui qui l'exerce de droit est puni d'un emprisonnement de 6 ans au plus.

Il est infligé un emprisonnement de 9 ans au plus si l'on a usé de ruse, de violence ou de menaces, ou si le mineur est au-dessous de l'âge de 12 ans.

Enlèvement d'une femme mineure. — Art. 281. Est puni comme coupable d'enlèvement :

1° D'un emprisonnement de 6 ans au plus celui qui enlève une femme mineure contre la volonté de ses parents ou tuteurs, *mais du consentement de celle-ci, dans le dessein de s'en assurer la possession,* soit en mariage, soit hors mariage, mais seulement en cas de plainte des parents ou tuteurs.

Enlèvement d'une majeure par ruse, violence ou menaces. — Il n'y a de poursuite que sur plainte.

2° D'un emprisonnement de 9 ans au plus, celui qui enlève une femme par ruse, violence ou menaces dans *le dessein de s'en assurer la possession . . .*

Mais seulement sur sa plainte ou celle de ses ascendants ou de son mari.

Privation illégale de liberté. — Art. 282. Celui qui, avec intention, prive illégalement une personne de la liberté ou la tient privée de liberté est puni d'un emprisonnement de 7 ans et 6 mois au plus.

Si le fait est suivi d'une grave lésion corporelle, le coupable est puni d'un emprisonnement de 9 ans au plus.

RÉPUBLIQUE ARGENTINE.

Excitation de mineurs à la débauche. — Code pénal. — Art. 132. Celui qui, habituellement ou avec abus d'autorité ou de confiance, excite ou facilite la prostitution ou la corruption des mineurs, sera puni d'un emprisonnement de 1 à 3 ans si la mineure a moins de 18 ans et plus de 14 ans, et de 3 à 4 ans de travaux forcés si la mineure a moins de 14 ans accomplis.

RUSSIE.

Excitation de mineurs à la débauche.—Code pénal.— Art. 993. Si les individus ayant la surveillance sur des mineurs ou des non majeurs, ou qui sont au service des père et mère de ces derniers, de leurs tuteurs ou de leurs parents profitent du penchant de leurs enfants, mineurs ou non majeurs, au dérèglement ou autres vices, ou bien les excitent à la débauche par leurs exhortations ou leur séduction, ils sont condamnés...

Proxénétisme des parents sur leurs enfants. — Art. 998. Le père ou la mère qui sont convaincus d'avoir servi de proxénètes à leurs enfants sont condamnés à la perte de tous les droits et privilèges personnels et afférents à la condition... et à la déportation en Sibérie ou à l'incorporation dans les compagnies correctionnelles de détenus...

Proxénétisme du mari à l'égard de sa femme. — Art. 999. De même les maris proxénètes de leurs femmes.

Proxénétisme du tuteur, professeur, etc. — Art. 1000. Si un tuteur, professeur ou autre individu quelconque ayant la surveillance sur des mineurs et non majeurs est convaincu de s'être fait le proxénète de ces individus placés sous sa tutelle ou surveillance, il est condamné aux mêmes peines.

SUÈDE.

Une seule disposition paraît se rattacher, dans le Code pénal suédois, au sujet.

Proxénétisme. — Chap. xviii, S 2. Quiconque aura favorisé la débauche par proxénétisme ou aura tenu une maison de prostitution sera puni de la peine de 4 ans de travaux forcés.

SUISSE.

La Suisse prépare un Code pénal fédéral dans lequel la répression de la Traite des blanches doit faire l'objet de dispositions spéciales.

Quant à présent, parmi les législations parculières à chaque canton, l'excitation à la débauche pour les cantons de Vaud, du Tessin et de Genève, et le proxénétisme dans les autres, seraient les seuls textes ayant quelque rapport avec le délit de racolage.

Résumé. — Il résulte avec évidence de l'examen qui précède que, sauf la loi anglaise, qui, depuis 1885, offre une disposition spécialement édictée en vue du délit, et la loi italienne, plus récente encore, du 31 janvier 1901 sur l'émigration, aucune législation ne peut faire reposer des poursuites sur un texte direct et précis.

La nécessité de ne pas laisser la Société désarmée contre des faits d'une si haute gravité est telle qu'on poursuit cependant, et voici par quels détours :

I. Si les victimes sont mineures (suivant les lois particulières de chaque pays), il faut distinguer :

Dans les pays latins ou inspirés de la législation française (France, Italie, Belgique, Espagne, Pays-Bas, cantons de Vaud et du Tessin), c'est sous l'inculpation d'enlèvement ou détournement de mineurs ou d'excitation de mineurs à la débauche que les affaires sont instruites;

Dans ceux d'origine ou d'influence germanique (Allemagne, Autriche, Hongrie, Danemark, Russie et la plupart des cantons suisses), c'est aux lois sur le proxénétisme qu'on a recours.

Or, si ces qualifications diverses peuvent parfois s'adapter à certains faits, il est manifeste qu'elles en laissent échapper un beaucoup plus grand nombre.

Ainsi l'enlèvement ou le détournement suppose que la mineure a été arrachée à l'autorité de ses parents ou d'un tuteur. Mais combien n'en est-il pas, parmi les malheureuses que la Traite séduit et entraîne, qui, dans l'isolement des grandes villes, n'ont ni parents ni tuteur, ou ont déjà échappé à leur autorité? Le caractère particulier de ce délit n'est-il pas, en outre, que son auteur agisse pour satisfaire sa propre passion, non pour tirer

3.

profit de sa victime? C'est ce que le Code néerlandais indique avec précision dans sa définition du délit : « Celui qui enlève une femme mineure *dans le dessein de s'en assurer la posses-sion* ». Une plainte de la famille est en outre souvent nécessaire (Allemagne, Pays-Bas).

L'excitation de mineurs à la débauche n'est pas moins insuffisante pour satisfaire à tous les besoins d'une répression sérieuse.

Outre que l'habitude en est le plus souvent le caractère essentiel (France, Belgique, Espagne, Pays-Bas), ce qui, eu égard à la difficulté d'établir la pluralité des cas en une matière où les coupables échappent par leur vie errante ou leurs continuels déplacements aux recherches nécessaires, laisse la plupart des cas impunis, n'est-il pas nécessaire d'établir, même lorsque cette condition n'est pas exigée, que la mineure ait eu au moins connaissance des actes auxquels on la destinait? Car, où serait l'excitation, s'ils lui étaient cachés. Or n'arrive-t-il pas souvent, et ce sont là les cas les plus graves, que c'est par des offres et des promesses d'apparence honnête, précisément employées pour lui cacher le but auquel on veut la conduire, qu'elle est entraînée.

Le proxénétisme, par la généralité souvent d'ailleurs un peu vague de sa définition, offre plus de ressources. Mais il n'existe que dans les législations allemande, autrichienne, hongroise suisse, russe et danoise. Il y est parfois subordonné à la condition d'habitude, comme l'excitation à la débauche :

« Quiconque, *habituellement* ou pour un motif intéressé », dit le paragraphe 180 du Code allemand;

« Ceux qui *font le métier* de recruter des prostituées » (art. 512 du Code autrichien);

« Ceux qui auront *fait le métier* de proxénète » (art. 182 du Code danois).

Ou bien il exige l'emploi de manœuvres frauduleuses (§ 181 du Code allemand, art. 247 du Code hongrois et Grande-Bretagne, Act de 1885, § 3).

Ou encore il faut que l'acte soit accompli par une des personnes, ascendants, tuteurs, etc., ayant autorité sur la mineure (Hongrie, Russie).

Ainsi échappent à la répression et le fait unique et le fait plus fréquent de l'embauchage de la fille déjà familiarisée avec la pensée du vice qui consent, et que la loi doit, à raison de son âge, protéger contre son propre entraînement.

Cependant, quant à la qualification de privation illégale de la liberté ou d'arrestation arbitraire, elles ne se rencontrent en fait qu'à l'état de si rare exception, dans les pratiques des trafiquants, qu'il n'y a pas lieu de s'y arrêter.

II. Les textes sont encore plus insuffisants en ce qui touche les majeures.

Laissant de côté, comme pour les mineures et pour les mêmes raisons, l'arrestation arbitraire, il n'y a que le délit de proxénétisme avec manœuvres frauduleuses qui puisse actuellement être invoqué.

Mais, comme il a été dit déjà, il n'existe que dans un petit nombre d'États. Il est douteux que ceux qui jusqu'à présent ne l'ont pas admis dans leurs législations pénales, consentissent à l'y introduire à l'occasion du délit nouveau qu'il s'agit d'atteindre. Ajoutons qu'il embrasse un si grand nombre de faits de natures diverses qu'il serait sans doute impossible qu'il pût devenir la base d'un accord international pour la poursuite et l'extradition des coupables.

Il est temps d'opposer au mal une défense plus sérieuse. Il ne semble pas qu'il puisse y en avoir de plus efficace que l'institution concertée entre les pays adhérents d'un délit spécial et en même temps international qui, se modelant sur les caractères particuliers du fait à incriminer, l'atteindrait avec sûreté dans toutes ses manifestations.

La formule devrait toutefois en être assez large et flexible pour se plier facilement à l'inévitable diversité des traditions et des pénalités.

Le Congrès de Londres avait fait la proposition suivante :

« Punir de peines, autant que possible de même degré, le fait de racoler des femmes ou des filles par violence, fraude, abus d'autorité ou par tout autre moyen de contrainte pour les livrer à la débauche et celui de les y maintenir contre leur gré par les mêmes moyens. »

Après étude, ce texte a été jugé insuffisant en ce que, ne faisant pas de distinction entre la mineure et la femme majeure et exigeant l'emploi, vis-à-vis de l'une comme de l'autre, de la violence ou de la ruse, il laissait le champ libre au ravisseur qui abuse de l'inexpérience ou de la faiblesse du jeune âge.

C'était méconnaître le devoir reconnu par l'universalité des législations pénales de protéger la jeunesse contre ses propres entraînements.

Se fondant sur le principe partout adopté, en matière d'enlèvement, d'excitation à la débauche ou de proxénétisme, le programme soumis à la Conférence propose en conséquence deux qualifications distinctes, dont la première serait relative au cas de la mineure détournée, même avec son consentement, avec aggravation en cas de ruse, violence ou abus d'autorité, et la seconde à celui de la femme majeure mais seulement si elle a été victime de ces derniers moyens.

Nous en reproduisons le texte.

A. *Mineures.* — 1° Embauchage ou racolage de mineures en vue de la prostitution; admission ou rétention dans les maisons ou lieux de débauche.

Peines à déterminer.

2° Aggravation de la peine si le délit a été commis à l'aide de violences, menaces, fraude, abus d'autorité ou tout autre moyen de contrainte.

B. *Femmes majeures.* — Embauchage ou racolage en vue de la prostitution, admission ou rétention dans les maisons de débauche ou de prostitution, lorsque ces faits auront été commis à l'aide de violences, menaces, fraude, abus d'autorité ou tout autre moyen de contrainte.

Peines à déterminer.

Il y aura sans doute à examiner, en outre, s'il n'y aurait pas lieu de comprendre dans ce texte le fait de conduire des sujets embauchés à l'étranger, afin de pouvoir constater le délit, saisir les coupables et leur arracher leurs victimes, même dans les pays de transit.

Des questions accessoires très dignes d'appeler l'attention de la Conférence pourront en outre se produire.

Conviendrait-il de fixer l'âge de la majorité des femmes ou

filles entraînées d'une manière uniforme? ou est-il préférable de s'en remettre aux règles de la majorité civile ou pénale fixée par chaque pays?

Le délit devenant international, n'y aurait-il pas lieu de décider que les peines de la récidive seront encourues, même en cas de condamnations prononcées dans des pays différents?

Enfin, les frais de rapatriement ne devront-ils pas être mis à la charge des traitants et de leurs complices, à titre d'amende ou comme frais de justice?

Il n'est peut-être pas sans intérêt, tout en maintenant les propositions qui précèdent, de les rapprocher des solutions, ou déjà adoptées par des lois récentes dans divers pays, ou simplement proposées pour prendre place dans des projets de réformes pénales.

Il a été déjà dit que, par un acte de 1885, la Grande-Bretagne avait spécialement défini le délit et l'avait frappé d'une peine. Nous en rappelons le texte :

« Toute personne qui persuadera à une jeune fille de quitter le Royaume dans l'intention de la faire entrer dans une maison de prostitution à l'étranger. »

La peine est d'un emprisonnement, avec ou sans travaux forcés, ne pouvant dépasser 2 ans.

La formule est assez générale pour embrasser tous les cas. Peut-être même pourrait-elle paraître pour quelques pays l'être avec excès, car elle semble comprendre le cas de la fille majeure même consentante.

Il doit en outre être observé que la pénalité peut paraître légère :

S'il s'agit de mineures;

S'il y a eu emploi de la violence ou de la ruse;

Si les faits ont été assez répétés pour constituer un véritable métier.

Qu'enfin aucune personne ne peut être convaincue sur le témoignage d'un témoin unique à moins de preuves matérielles corroborant sa déposition.

L'Italie a également introduit depuis peu une disposition spéciale dans sa législation; c'est dans la loi du 31 janvier 1901, plus particulièrement relative aux mineurs de 15 ans (ramoneurs, marchands de statuettes, etc.), emmenés par certains spéculateurs à l'étranger.

« Les mêmes dispositions (réclusion jusqu'à 6 mois; amende de 100 à 500 lires) sont applicables à quiconque engage une femme mineure à émigrer pour la livrer à la prostitution. »

Mais la peine semble bien légère. Le cas de ruse ou de violence n'y est pas prévu. Enfin, aucune protection n'est accordée ni à la femme majeure, ni même, semble-t-il, à la mineure au-dessus de 15 ans.

Le nouveau Code norvégien offre des textes plus précis et plus complets. Ils sont intégralement donnés ci-dessus. La Conférence aura sans doute à s'en inspirer dans quelques-unes des dispositions à prendre.

En Autriche, en Russie et en Suisse (projet de Code fédéral), la question est encore en projet.

MESURES RELATIVES

A LA COMPÉTENCE ET À LA PROCÉDURE.

1° COMPÉTENCE.

L'Institut de droit international, dans sa session de Munich en 1883, semble avoir résumé en trois propositions principales les questions de compétence que soulève en matière internationale la répression des infractions : 1° La compétence territoriale est celle du pays où se trouve le coupable lors de son activité criminelle; 2° les effets de l'infraction produits dans un État ne rendent pas compétents les tribunaux de cet État; 3° quant aux délits continus ou d'habitude, la compétence territoriale pour les actes réalisés dans un pays peut s'étendre à ceux commis dans un autre, sauf à l'État qui aurait agi le premier à rester exclusivement compétent (Despagnet, *Droit internat. pub.*, n° 277) [*Annuaire*, t. VII, p. 156].

Sauf exceptions résultant de dispositions spéciales dans les lois de certains pays, on peut dire que les propositions ci-dessus exprimées constituent les règles de compétence généralement suivies. Les restrictions apportées dans la répression d'infractions continues ou complexes s'expliquent facilement par le caractère territorial de la loi de chaque État. Elles offrent dans la pratique des difficultés nombreuses et arrêtent en certains cas la possibilité d'une répression.

Mais si le délit qui nous occupe n'est plus considéré comme une infraction dont la répression n'intéresse que l'ordre social d'un seul État, si on le considère comme intéressant l'ordre social des différents peuples, si l'on estime même que l'ordre social de chaque État bénéficiera sans aucun doute de la mesure prise en commun, la question change immédiatement de face. Elle grandit avec le but et lève en même temps les obstacles que l'idée de souveraineté strictement observée apporte encore en cette matière aux rapports internationaux.

Tout intérêt à préférer la juridiction d'un État à celle d'un autre disparaît alors; nulle nécessité de restreindre au lieu où s'est perpétrée l'infraction la compétence des juridictions; nul besoin de décider que l'État premier saisi ou qui aura agi le premier restera définitivement compétent.

Examinons alors quelle pourrait être dans la pratique la portée de la règle qu'il serait nécessaire de poser. Le délit qui nous occupe est un délit continu et la même infraction peut se perpétrer en différents pays. Supposons, par exemple, l'embauchage dans un État, par manœuvres frauduleuses, de femmes amenées ensuite dans un second État, et embarquées pour un troisième État, lieu de destination. Les autorités de ces trois États auront pu être saisies simultanément par une plainte ou être avisées. Il paraît préférable, sur ce point, d'accorder compétence à la juridiction du lieu où le délit aura été définitivement consommé, en l'espèce au pays d'arrivée, surtout si l'arrestation a été effectuée. Les témoins seront même, en ce cas, sous la main de la justice et les juridictions des États primitivement saisis transmettront immédiatement les pièces en leur possession et se dessaisiront au profit de la juridiction du lieu de l'arrestation. La règle de droit qui prohibe des poursuites multiples pour une même infraction se trouvera également ment observée.

Mais il faut prévoir aussi que l'auteur de l'infraction n'a pas été déféré à la juridiction de l'État où le délit s'est consommé ; soit parce qu'il a réussi à s'enfuir, soit parce que cette juridiction n'aurait pas été saisie à temps. Cet individu, signalé par l'un des États où l'infraction s'est perpétrée, s'est réfugié dans un pays dont il est le national. Rien n'empêchera encore qu'il y soit poursuivi, les législations admettant en général la répression de délits commis par leurs nationaux à l'étranger, lorsque l'infraction commise est prévue par leur législation et qu'une dénonciation du Gouvernement sur le territoire duquel le délit a été commis est officiellement intervenue.

Si l'inculpé n'est pas le national du pays de refuge, c'est le seul cas peut-être où il serait nécessaire de faire fléchir les règles actuelles en matière de compétence et de décider que le pays de refuge, dont la loi punit le fait incriminé, deviendrait compétent à raison de l'infraction. Mais ici, du moins, l'extradition pourrait en dernière analyse être demandée et obtenue.

En principe, donc, la compétence du lieu de l'arrestation deviendrait la règle. Les formalités et les frais seraient ainsi évités et la répression plus prompte et plus certaine. La reconnaissance de ce principe n'exclurait pas, en cas de nécessité, l'extradition, sauf au cas toutefois où l'auteur de l'infraction aurait été arrêté dans son propre pays.

En résumé, l'existence d'un délit reconnu par les législations des différents pays implique pratiquement la compétence de chaque État, même pour les faits commis hors des limites de son territoire, et il résulte de ce qui vient d'être exposé, que l'extension ne ferait que dans une mesure assez restreinte les règles admises généralement aujourd'hui sur cette question.

Conclusions. — Il convient, en conséquence, de proposer

aux délibérations de la Conférence les règles suivantes relatives à la compétence :

1° Le lieu de l'arrestation fixera la compétence des juridictions de l'État où elle s'est produite.

Les juridictions des autres États qui auraient déjà suivi sur le délit se dessaisiront au profit des juridictions du lieu de l'arrestation, sauf le cas où une décision définitive serait intervenue ;

2° A défaut d'arrestation, la juridiction préférée serait celle soit du lieu où l'infraction a commencé, soit des lieux où elle s'est continuée ou consommée. Au cas de poursuites intentées simultanément, les autorités judiciaires devraient de préférence se dessaisir au profit de la juridiction soit du lieu où l'inculpé pourrait être touché par les actes de poursuites, soit du lieu de son domicile ;

3° La juridiction de l'État dont l'inculpé est le national serait compétente, même au cas où les faits n'auraient pas été commis sur le territoire de cet État, lorsqu'une autre des juridictions compétentes ne serait pas déjà saisie.

2° EXÉCUTION PLUS RAPIDE

DES COMMISSIONS ROGATOIRES ET DES MANDATS.

Le droit pour les autorités judiciaires d'adresser directement des commissions rogatoires aux autorités judiciaires des pays étrangers soulève, dans l'état actuel des relations juridiques internationales, plusieurs difficultés.

Chaque État se réserve le droit d'examiner si l'acte dont on lui demande l'exécution n'est pas contraire : 1° à la loi intérieure; 2° aux conventions qui règlent les rapports juridiques avec le pays requérant; 3° s'il ne porte pas une atteinte quelconque à sa souveraineté; 4° s'il a un but ou une portée politique.

C'est, en réalité, l'État requis qui a surtout intérêt, dans l'ordre actuel établi, à examiner la valeur et la portée de la demande dont doit être saisie l'autorité judiciaire.

Si un délit ayant un caractère international est créé, délit dont les éléments criminels seraient pareillement définis dans chaque législation, dont la sanction serait sinon semblable, du moins équivalente, les objections que soulève encore le droit de communication directe entre les autorités judiciaires disparaissent pour ainsi dire complètement.

En effet, l'État requis n'aurait plus à examiner la question de savoir si la commission rogatoire porterait atteinte à sa loi intérieure, aux conventions diplomatiques ou à sa souveraineté, puisque cette loi serait devenue loi de l'État, aurait été l'objet d'un accord diplomatique et qu'il serait facile de prescrire aux magistrats de n'admettre la commission directe que pour le délit spécial dont nous nous occupons.

D'autre part, la nature même du délit exclut tout caractère politique aux actes réclamés. La portée des objections qui pourraient être soulevées à ce sujet se trouve encore singulièrement atténuée par ce fait que, si l'on adopte sur la compétence les idées directrices qui sont exprimées plus haut, les commissions rogatoires se borneront à des demandes surtout de renseignements, d'auditions de témoins, à des perquisitions, et n'auront que rarement pour objet l'extradition d'un individu, auquel cas, du reste, cette extradition resterait soumise aux formalités ordinaires.

Nous avons exposé en effet que le pays où l'arrestation est opérée sera le pays compétent pour appliquer la peine. Ce pays restera donc, en réalité, juge du mérite et de la nature des imputations dirigées contre l'inculpé.

Si toutefois l'on estimait que la transmission directe était de nature à présenter des inconvénients ou des difficultés, rien ne s'oppose à l'organisation d'une surveillance sur les actes des magistrats. Il suffirait, en effet, de prescrire au magistrat requérant l'envoi aux pouvoirs dont il dépend d'une copie de la commission rogatoire, et au magistrat requis, également l'envoi d'une copie de la pièce reçue aux autorités dont il relève. Il serait facile alors, par une intervention diplomatique immédiate, de faire surseoir à l'exécution jusqu'au règlement de la difficulté.

Toutes les garanties dont se doivent entourer les États pour assurer le respect de leurs institutions se trouveraient donc sauvegardées par ces mesures dernières proposées.

En ce qui concerne l'exécution des mandats, il conviendrait de généraliser l'usage des arrestations provisoires sur avis télégraphiques.

Conclusions. — Nous pensons en conséquence qu'il convient d'introduire dans le projet de convention qui résultera des travaux de la Conférence une disposition tendant à l'admission, pour le délit spécial dont elle doit s'occuper, des commissions rogatoires directes entre les autorités judiciaires des nations adhérentes, avec les réserves indiquées ci-dessus et qui permettent la surveillance de chaque État sur les actes de cette nature et le recours immédiat à la voie diplomatique en cas de difficulté.

Il résulterait encore une accélération certaine dans l'exécution des commissions rogatoires internationales si l'autorité requérante faisait accompagner la commission rogatoire adressée par elle d'une traduction de cette pièce dans la langue du pays requis. La Conférence pourrait encore joindre cette disposition au projet de convention qui lui est soumis.

III

MESURES ADMINISTRATIVES.

SURVEILLANCE ET RAPATRIEMENT.

Parmi les objets qui sont de nature à solliciter votre haut intérêt figure notamment une question de police administrative dont l'importance est manifeste.

Tous les Gouvernements sont résolus, sans aucun doute, à prendre en mains la défense de la femme contre les odieux trafiquants qui la destinent à la prostitution et parviennent, par leur pernicieuse influence ou par des moyens dolosifs, à lui faire abandonner sa famille, son domicile, son travail pour se rendre dans une localité plus ou moins éloignée d'Europe, dans des pays transatlantiques ou toute autre région du globe.

Or, le but à poursuivre tout d'abord, le but qu'imposent par-dessus tout les intérêts de la morale, comme ceux de la mineure défaillante ou de la femme abusée, est celui d'empêcher que les victimes ne parviennent au terme de leur voyage et ne tombent ainsi presque inévitablement dans le piège qui leur a été tendu.

C'est par une surveillance active et incessante de la circulation que ce résultat essentiel peut être obtenu.

Si la découverte de l'embauchage, dans la grande agglomération urbaine où il se pratique ordinairement, présente, pour cent raisons, des difficultés extrêmes, il n'en est pas de même dans la gare de départ ou d'arrivée, dans le train qui emporte ces infortunées voyageuses, dans le port d'embarque-

4.

ment ou sur le bateau qui va les transporter au delà des mers. Là, les contrôles abondent et peuvent être exercés avec succès par des agents qu'une longue expérience a rendus singulièrement perspicaces.

Rarement les femmes qu'il s'agit de défendre et de sauver voyagent isolément; le plus souvent elles sont accompagnées par l'auteur principal de l'embauchage délictueux ou par son agent, complice conscient du trafic honteux auquel il participe.

C'est lui qui révélera le plus sûrement que les femmes qu'il emmène sont bien des victimes de la Traite des blanches; c'est sa présence qui justifiera, *a priori*, l'investigation de police, grâce à laquelle la vérité sera découverte et le coupable arrêté.

Si cette surveillance s'exerce partout, à toutes les étapes du voyage; si les départs suspects sont exactement signalés par les voies rapides à tous les agents des gares ou des ports; si, en un mot, la vigilance internationale est sans cesse en éveil, il y a tout lieu d'espérer qu'on parviendra à décourager les entreprises criminelles des trafiquants et, dans tous les cas, à sauver un grand nombre de victimes.

Une entente internationale peut s'établir facilement, semble-t-il, sur ce point comme sur l'obligation réciproque pour les Gouvernements de s'aviser de la découverte de leurs ressortissantes embauchées par des individus convaincus de se livrer à la traite.

Il est de toute évidence que les efforts tentés dans l'intérêt de la femme comme dans l'intérêt social demeureraient à peu près stériles si l'on se bornait à arrêter et à punir l'auteur du délit. Il faut encore s'opposer au départ de la mineure et lui procurer, comme à la femme majeure entraînée par des promesses ou des déclarations fallacieuses, les moyens de regagner son pays d'origine, pour être remise à sa famille ou à l'autorité dont elle dépend.

D'ailleurs, le rapatriement devrait s'appliquer également aux victimes qui auraient échappé, en cours de route, à la surveillance administrative et qui seraient ultérieurement découvertes dans des maisons suspectes.

Mais quelle serait l'économie de la convention à intervenir en ce qui concerne cette opération ?

Il semble qu'il conviendrait, tout d'abord, de distinguer entre les rapatriements comportant un transport par mer et les autres.

Dans les pays transatlantiques ou dans les pays séparés des continents par les mers, le rapatriement devrait être assuré par les agents diplomatiques et consulaires de chaque nation intéressée, jusqu'au port de débarquement le plus voisin du pays d'origine.

Quant au transport par voies ferrées de ce port à la frontière du pays d'origine, il y serait pourvu aux requête et diligence du consul de la nation à laquelle appartient la rapatriée, avec le concours de l'autorité territoriale du port de débarquement. Celle-ci prendra toutes initiatives pour assurer le transport des personnes jusqu'au lieu de destination et devra, en conséquence, aviser, par les voies rapides, aux fins de surveillance et de prise en charge, les autorités dont dépendent les territoires à travers lesquels s'effectuera le transit, soit avant la délivrance des moyens de transport, soit au moment du départ.

La franchise des communications télégraphiques internationales relatives à cet objet devrait être concédée, et les Gouvernements accorderaient ou s'efforceraient d'obtenir une réduction de 5o p. 1oo sur le tarif plein du chemin de fer, étant stipulé

qu'en principe le trajet s'effectuerait en 3ᵉ classe ou classe simi-
laire.

Il semblerait rationnel de décider que la dépense du transport, comme celle de tous frais accessoires, tels que frais de
séjour, secours de route et frais éventuels d'assistance, devraient
être supportées par l'État du pays de destination, dans l'intérêt
duquel s'effectue l'opération, tout au moins au regard de l'État
ou de la collectivité de l'un des pays traversés depuis le débarquement.

Ce principe adopté, il resterait à examiner la question de
savoir s'il appartiendrait exclusivement au consul du port de
débarquement de faire procéder à l'achat des billets de chemin
de fer et au payement des dépenses engagées jusqu'au moment
du départ, ou bien s'il conviendrait de laisser le soin de faire
toutes avances nécessaires à l'État sur le territoire duquel com-
mencera le rapatriement continental.

La dernière solution s'imposera peut-être pour des raisons
multiples : raisons de célérité et raisons tirées de la difficulté
d'établir au port de débarquement des moyens de transport
valables sur toutes les lignes, quelles que soient les compagnies
auxquelles elles appartiennent et les distances à parcourir.

S'il en était ainsi décidé, il resterait à déterminer la procédure à suivre et les justifications à produire pour parvenir au
remboursement par l'État intéressé des avances consenties en
faveur des rapatriées.

En ce qui concerne les mineures destinées à la prostitution
et découvertes avant l'embarquement, c'est-à-dire en cours de
route, ainsi que les majeures embauchées notoirement dans
le même but sans leur consentement, les autorités territoriales
assureraient aussitôt leur retour jusqu'à la frontière du pays où

elles ont été embauchées, suivant les mêmes formes et dans les mêmes conditions que pour les rapatriées d'outre-mer.

Une autre solution pourrait être adoptée à l'égard des mineures admises ou retenues dans les maisons ou lieux de débauches du continent européen et les majeures retenues contre leur gré dans les mêmes lieux. Pour les personnes se trouvant dans ces conditions, et quel que soit le temps durant lequel elles auront séjourné dans ces maisons, en dépit de la surveillance de la police, leur rapatriement incombera à l'État du pays de la situation desdits maisons et lieux de débauche, soit en totalité jusqu'à destination, soit en partie seulement jusqu'à la frontière du pays voisin par lequel le transit s'effectuera, sauf à se récupérer ultérieurement sur le tenancier par toutes les voies de droit.

Dans ce dernier cas, chaque pays traversé participerait à la dépense au prorata de la longueur kilométrique parcourue d'une frontière à une autre.

Mais le rapatriement ne serait entrepris qu'après que la nationalité des intéressées aurait été reconnue par le Gouvernement du pays d'origine, qui ne pourra, dès lors, refuser sous aucun prétexte les rapatriées.

Il ne faudrait pas, cependant, que l'information ouverte à ce point de vue pût retarder la cessation du délit imputable au tenancier et la libération des victimes livrées à la prostitution. Aussi devrait-il être entendu que, dès la découverte de ces dernières par l'autorité de police agissant spontanément ou sur plainte ou dénonciation, les filles ou femmes seraient aussitôt extraites du lieu où elles auraient été trouvées, sans qu'elles puissent être retenues et notamment pour dettes contractées dans l'établissement. L'exploitant serait d'ailleurs contraint de leur fournir sans délai, en cas de besoin, les vêtements nécessaires pour effectuer décemment leur sortie et leur voyage de retour.

Les filles et femmes ainsi libérées seraient placées, jusqu'à leur départ, sous la sauvegarde des institutions publiques d'assistance ou d'établissements de bienfaisance ou de protection, lesquels les recueilleraient et leur procureraient l'assistance morale et matérielle que comporte leur situation.

En résumé, une entente internationale devrait et pourrait sans doute intervenir sur les points suivants visés et développés dans le présent exposé, savoir :

1° Surveillance de la circulation pour découvrir les trafiquants et leurs victimes;

2° Information transmise directement et par voie télégraphique aux commissaires des gares et des ports, relativement aux départs suspects;

3° Avis par les voies rapides, de Gouvernement à Gouvernement, de la découverte de leurs ressortissantes embauchées;

4° Franchise télégraphique pour toutes communications urgentes internationales relatives à la Traite des blanches;

5° Rapatriement des mineures et aussi des femmes majeures destinées sans leur consentement à la prostitution ou retenues contre leur gré dans des maisons de débauche :

a. Des pays d'outre-mer au port de débarquement sur le continent européen :

Serait assuré par les agents diplomatiques et consulaires de chaque nation intéressée;

b. Du port de débarquement jusqu'au lieu de destination :

Serait assuré à la requête du consul par l'autorité territoriale du port de débarquement.

Cette autorité se chargerait aussi du rapatriement des filles et femmes découvertes en cours de route sur le continent;

c. Même solution quand ces personnes seraient retirées d'office des maisons de débauche. Mais il ne serait procédé au rapatriement qu'après reconnaissance par l'État intéressé de la nationalité à laquelle les susvisées sont présumées appartenir;

Mesures d'assistance et de protection;

6° Réduction de 5o p. 1oo sur le tarif plein des chemins de fer, afférent à la 3ᵉ classe et même à la 2ᵉ, qui pourrait être accordée dans des cas exceptionnels à déterminer;

7° Dépenses résultant des rapatriements :

a. A la charge du pays vers lequel sont dirigées les rapatriées, toutes avances étant effectuées par l'État du port de débarquement ou du lieu de la découverte des victimes en cours de route;

b. A la charge de l'État sur le territoire duquel seront situées les maisons où se trouvaient retenues les mineures et les majeures contre leur gré.

Il n'est pas sans utilité d'indiquer en terminant que les résolutions proposées à l'examen de la Conférence ont été déjà prises, tout au moins en partie, par divers Gouvernements, et de rappeler les intéressantes conventions conclues à la date des 15 novembre 1889 et 4 septembre 1890, entre l'Empire d'Allemagne d'une part et les Royaumes des Pays-Bas et de Belgique d'autre part.

NOTE

DU GOUVERNEMENT ALLEMAND

PARVENUE TARDIVEMENT

AU MINISTÈRE DES AFFAIRES ÉTRANGÈRES.

———

I. Le programme des délibérations de la Conférence qui doit se réunir le 15 juillet de cette année à Paris, dans le but de réprimer la Traite internationale des jeunes filles ou Traite des blanches, contient, en première ligne, une proposition tendant à ce qu'il soit décidé de faire en sorte que, dans les pays où le racolage (des femmes en vue de la prostitution) [Traite des blanches] (*Kuppelée*) est soumis à des dispositions pénales insuffisantes, il soit :

1. Promulgué des lois de protection plus sévères.

En thèse générale, il y *aurait lieu d'établir des peines* contre : la traite (*Kuppelée*) lorsqu'elle a pour but l'*excitation à la débauche professionnelle*, notamment l'entraînement dans les maisons publiques, dans cette hypothèse, en distinguant les deux cas suivants, savoir :

1° Quand il s'agit de *femmes mineures constamment;*

2° Quand il s'agit de *femmes majeures*, lorsque l'action a été commise en faisant usage de *ruse* ou de *contrainte*.

Le droit pénal allemand prévoit déjà d'une façon complète et tout à fait suffisante cette excitation.

D'après le droit allemand, la Traite (*Kuppelée*) est une action

par laquelle *on favorise la débauche* par *entremise*, *garantie* (protection accordée) ou *pourvoi* (offre d'occasion).

Conformément au paragraphe 180 du Code pénal, toute
action de cette nature, lorsqu'elle est commise *habituellement ou
par intérêt*, doit être punie de prison. De plus, conformément
au paragraphe 181, n° 1 A et O, tout acte de traite (*Kuppelée*)
commis, en faisant usage de *procédés insidieux*, est passible
(*Zuchthirus trafa*) des travaux forcés en prison. La traite pra-
tiquée en portant atteinte à des rapports moraux déterminés
(parents, tuteurs, ecclésiastiques, éducateurs) est passible d'une
peine spéciale conformément au paragraphe 181, n° 2. Enfin,
il faut encore citer les stipulations pénales des paragraphes 176,
n° 1 (contrainte à subir des actes libidineux), 177 (viol),
182 (séduction des jeunes filles au-dessous de 16 ans, en vue
des relations sexuelles), 235 (enlèvement de mineures pour
les soustraire à l'autorité paternelle dans un but immoral),
236-237 (enlèvement), 240 (violence, contrainte), 361, n° 6,
combiné avec le paragraphe 48 (excitation à la débauche professionnelle).

Le droit allemand, en ce qui regarde la poursuite de la
traite (*Kuppelée*) des femmes majeures, si on le compare aux
projets insérés dans le programme, le dépasse en ce sens
qu'il prévoit une pénalité, même pour les cas dans lesquels la
traite *n'a pas été exercée en employant la ruse ou la contrainte.* Ceci
devrait faire donner la préférence à ce système, attendu que,
dans nombre de cas, où une action déloyale a été exercée sur
la décision d'une femme, on ne peut pas constater d'une manière précise le fait de la contrainte ou de la ruse; mais il
manque à la conception juridique allemande de la traite cette
marque limitative que l'acte de *faire* (*d'excitation à*) *entrer dans*

la voie de la débauche professionnelle (dans les maisons publiques, etc.) doit avoir été commis.

Cette condition nécessaire, la législation allemande ne l'a établie que dans un cas jusqu'ici non encore mentionné; le paragraphe 48 de la loi du 9 juin 1897 sur l'émigration (*Bulletin des lois de l'Empire*, p. 463 et suiv.) établit que l'on doit punir de travaux forcés en prison d'une durée de 5 ans au maximum quiconque détourne une femme *dans le but de la conduire à la débauche professionnelle, en dissimulant frauduleusement ce but, sous le prétexte de l'émigration.* Dans ce cas isolé, la limitation des peines établies contre les actes tendant à la traite trouve sa justification pratique en droit, dans cette circonstance que, dans la traite internationale des femmes, lors de leur transport à l'étranger, il s'agit presque exclusivement de cas dans lesquels l'auteur poursuit le but d'amener sa victime dans des maisons publiques ou dans des lieux analogues. C'est par une considération analogue que l'on devrait recommander, lors des débuts de la prochaine conférence, dans laquelle il s'agit, en première ligne, de la traite internationale des femmes, de n'attribuer aucune importance essentielle à la question de savoir si, l'admission de la marque caractéristique de « l'excitation à la débauche professionnelle » est mentionnée dans l'exposé des faits qui constituent la traite.

2. Au contraire, la limitation de la pénalité de la traite des femmes majeures, aux cas de l'emploi de la force et de la ruse, ne fournit pas un moyen suffisant, d'après notre conception, pour combattre le mal, notamment quand il y a exportation à l'étranger.

Par une semblable limitation, qui laisse échapper à toute

peine la traite, dans la plupart des cas, la poursuite pénale est paralysée par les cas d'exception, attendu que les signes caractéristiques particuliers, savoir : l'emploi de la force et de la ruse échappent très souvent à toutes constatations ultérieures par les autorités de police, ou à la recherche des preuves de toute autre manière.

Il y a donc lieu de soumettre à une pénalité tout raccolage pour maison publique et tous actes de traite tendant à l'excitation à la débauche, en y comprenant également le transport au loin de la victime dans les pays intéressés, comme tel est déjà le cas en vertu du droit allemand.

3. Les nouvelles dispositions pénales qui pourraient être édictées dans les États intéressés, sur la base des propositions de la conférence, ainsi qu'il ressort de l'article II du programme, pourront offrir une base appropriée à la conclusion de traités d'extradition plus largement conçus.

Eu égard à ce qui vient d'être exposé, aussi bien qu'en raison de motifs d'ordre général, le Gouvernement impérial conçoit, à vrai dire, qu'il serait désirable de chercher à modifier la législation correspondante dans les divers États, de manière à lui donner un caractère uniforme; il demeure toutefois de l'avis déjà exprimé dans une occasion précédente, qu'en présence des grandes différences juridiques qui existent, dans ce domaine, entre les divers États, une prompte unification rencontrerait de grosses difficultés et que, par suite, essayer de limiter les délibérations de la conférence sur ce seul thème, pourrait, somme toute facilement réduire à néant les résultats des débats. C'est pourquoi, il n'y aura pas du côté allemand, de propositions ayant une portée législative. Au contraire, le Gouvernement impérial cherchera, lors des délibérations de la conférence, à diriger principalement l'attention sur les propositions déjà indiquées précédemment à l'ambassade française à Berlin, tendant à un accord au sujet des mesures administratives.

II. Ce n'est que par une *action combinée des organes de la police criminelle* des États intéressés que l'on peut espérer voir la traite des femmes *surveillée* et combattue avec succès. C'est dans ce but que les propositions suivantes ont été faites, en particulier :

1° *Création, dans les États intéressés, de places centrales pour recueillir les nouvelles (renseignements)* sur les personnes convaincues ou soupçonnées de s'adonner à la traite des femmes. Obligation de la part de ces places centrales de se donner mutuellement connaissance du départ pour l'étranger d'un « traitant » se trouvant dans leur ressort, aussi bien que de tous événements importants se rapportant à la traite des femmes, fournir également tous renseignements demandés.

2° *Mesures pour la surveillance du mouvement des navires* dans les ports qui trafiquent avec l'étranger, afin d'empêcher l'embarquement des femmes dans un but de débauche, indication des autorités chargées de la surveillance; dans les cas suspects, prévenir à temps les consulats dans le ressort desquels se trouve le lieu de destination, de l'arrivée des personnes compromises.

A cet égard, les prescriptions édictées par le Bundesrath allemand le 14 mars 1898, au sujet des navires qui transportent les émigrants (   ) sont à mentionner. D'après le paragraphe 70, n° 10 A et O, le capitaine d'un navire allemand qui transporte des émigrants, est dans l'obligation, au cas où il se trouve à bord des femmes soupçonnées d'être conduites à l'étranger dans un but de débauche (prostitution) d'informer aussitôt que possible le Consul allemand dans le ressort duquel se trouve le port de débarquement, des noms, nationalité et but du voyage de ces personnes ainsi que de ceux qui les accompagnent.

Il paraît désirable que des dispositions analogues soient édictées dans tous les États intéressés et qu'à cet égard les autorités consulaires reçoivent comme mission particulière de veiller à l'observance soigneuse de ces prescriptions et de surveiller la traite des femmes, comme cela est incombé dernièrement aux autorités consulaires allemandes, en vertu de l'instruction générale du 10 juin 1898.

3. Des mesures analogues *pour la surveillance des places les plus importantes* où l'on passe la frontière, et en particulier des gares-frontières, dans le but d'empêcher « la sortie » de femmes indigènes et l'entrée de femmes étrangères.

Cette surveillance du trafic des frontières est susceptible d'être confiée à des employés de l'administration des chemins de fer et des douanes.

Dans ce cas également, aussi bien que lorsqu'il s'agit de l'inspection du trafic des navires dans les ports de mer, n° 2, il est en outre recommandé de s'adjoindre le concours des sociétés privées (et spécialement de leurs membres-femmes) fondées dans le but de combattre la traite des femmes.

4. Conclusion d'accords entre les États intéressés, contenant :

a. Que les sujets femmes d'un État, qui s'adonnent à la prostitution dans un autre État soient soumis à un interrogatoire au sujet de leur situation personnelle.

b. Que ces personnes, lorsqu'elles sont contraintes, contre le gurré, de s'adonner à la prostitution, soient, sur leur requête, ou à la requête des personnes autorisées d'après les lois de leur patrie, telles que tuteurs, détenteurs de pouvoirs, retirées de l'étranger et conduites jusqu'à la frontière de leur patrie.

L'Empire allemand a déjà conclu des conventions (traités) dans ce sens avec la Belgique et les Pays-Bas (*Bulletin des lois,* 1891, n° 23, p. 356 et 599, et n° 25, p. 375 et seq.).

Pour l'exécution de ces dernières mesures, on pourra peut-être également compter sur le concours des membres femmes des sociétés privées. Une vieille expérience a montré que les femmes transportées (entraînées) à l'étranger appréhendent de demander leur rapatriement par l'entremise des autorités policières, par la raison qu'elles craignent aussi bien le contact avec la police que la possibilité d'être traitées pendant le trajet (sur le pied) comme des expulsés ou des criminels et d'être embarquées en même temps que ces individus. De plus, çes victimes, lorsqu'elles sont délivrées des mains des traitants ou de celles des tenanciers de maisons publiques, manquent, en général, de tous moyens nécessaires à leur rapatriement et au recouvrement d'une situation assurée. C'est précisément sur ce domaine qu'il est désirable de voir le concours des sociétés privées apporté aux autorités.

5. Enfin, il y aura lieu de provoquer, dans les États intéressés, la surveillance par la police des affaires des tenanciers de bureaux de placement qui s'occupent de procurer aux femmes des places à l'étranger.

BIBLIOTHÈQUE NATIONALE
R F
IMPRIMÉS

www.ingramcontent.com/pod-product-compliance
Ingram Content Group UK Ltd.
Pitfield, Milton Keynes, MK11 3LW, UK
UKHW021149220726
13924UKWH00003B/1080